AF260746

سلسلة عالمي الصغير
مع حروفي الأولى

كتاب البستان KGI

النُّطْق والتدريبات

الجزء الثاني

تأليف

تدقيق

سهير فخري طمليه

د. تسنيم شيخ

تصميم ومونتاج وإخراج

منال يوسف

الطبعة الأولى

2022

الفهرس

1 أُشاهِدُ وَأَسْتَمِعُ وَأَنْطِقُ :

أَنْطِقُ اسْمَ الصّورَةِ، وَأُرَكِّزُ أَثْناءَ نُطْقِها عَلَى حَرْفِ العَيْنِ (ع) :

أُمَيِّزُ شَكْلَ الْحَرْفِ (عـ ، ـعـ ، ـع ، ع)، أَنْظُرُ جَيِّدًا لِأَتَعَرَّفَ
إِلَيْهِ، ثُمَّ أُعِيدُ عَلَيْهِ بِأَلْواني لِيُصْبِحَ أَجْمَلَ.

2

ذِراع
نَعْنَع
عَصير

3

أَبْحَثُ في الصّورَةِ عَنْ أَشْياءَ فيها صَوْتُ الْحَرْفِ (ع، ـع)، عَدَدُها تِسْعَ

4 أُلَوِّنُ الْحَرْفَ (عـ ، ـعـ ، ـع ، ع) كَما في الْمِثالِ:

غ

ع غ

ع

ع غ

عـ

غـ

5 أُرَكِّزُ ، ثُمَّ أَبْحَثُ عَن حَرْفِ (عـ ، ـعـ ، ـع ، ع) الْمُخْتَبِئِ

في هٰذِهِ الصّورَةِ الْجَميلَةِ ، ثُمَّ أَكْتُبُ عَدَدَ الْحُروفِ في الْمُرَبَّعِ:

نَعْنَع

عَصير

ع   ع   ـعـ   ـع

ساعَة

شارِع

1   أُشَاهِدُ وَأَسْتَمِعُ وَأَنْطِقُ :

أَنْطِقُ اسْمَ الصَّورَةِ، وَأُرَكِّزُ أَثْناءَ نُطْقِها عَلَى حَرْفِ (ج)

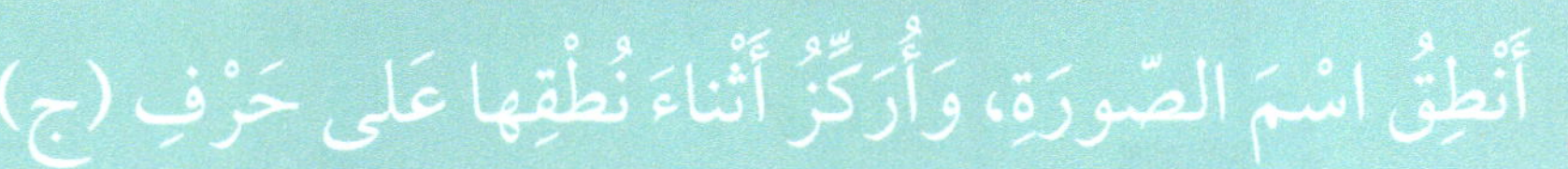

أُمَيِّزُ شَكْلَ الْحَرْفِ (جـ، ج)، أَنْظُرُ جَيِّدًا لِأَتَعَرَّفَ إِلَيْهِ، ثُمَّ أُعيدُ عَلَيْهِ بِأَلْواني لِيُصْبِحَ أَجْمَلَ.

أُشاهِدُ وَأَسْتَمِعُ وَأَنْطِقُ :

أَبْحَثُ في الصّورَةِ عَنْ أَشْياءَ فيها صَوْتُ الْحَرْفِ (ج)، وَأَشْياءَ فيها صَوْتُ الْحَرْفِ (ح)، ثُمَّ أَكْتُبُ عَدَدَها في الْمُثَلَّثِ.

4 أُلَوِّنُ الْحَرْفَ (جـ ، ج) كَما في الْمِثالِ:

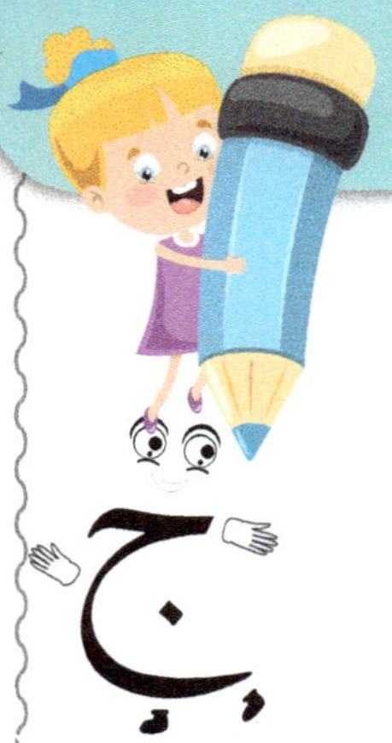

حـ خـ

ج

خ

خ ج

جـ جـ

ح

5 أُرَكِّزُ، ثُمَّ أَبْحَثُ عَن حَرْفِ (جـ ، ج) الْمُخْتَبِئِ في هذِهِ الصّورَةِ الْجَميلَةِ ، ثُمَّ أَكْتُبُ عَدَدَ الْحُروفِ في الْمُرَبَّعِ:

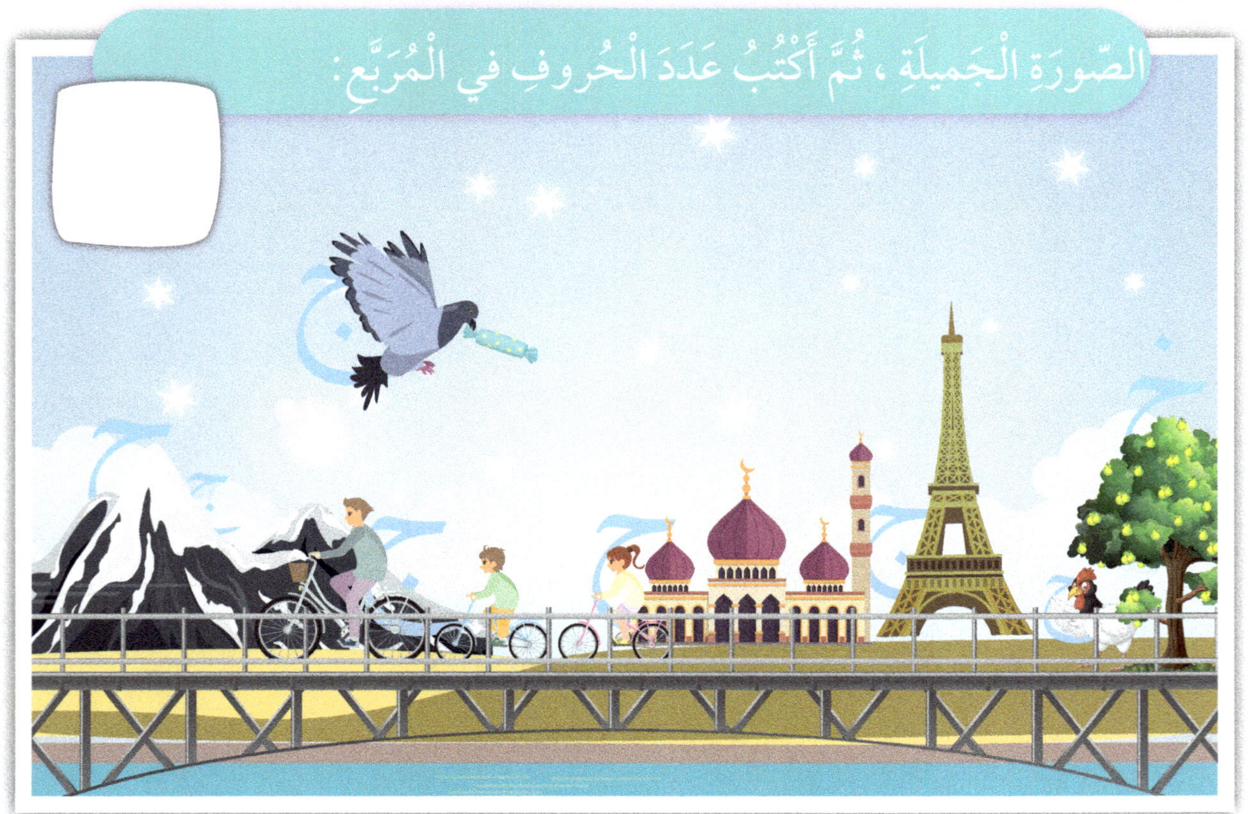

دَجَاجة

جَبَل

بُرْج

شَجَرَةٌ

حَرْفُ الثَّاءِ (ث، ث)

1 أُشاهِدُ وَأَسْتَمِعُ وَأَنْطِقُ :

أَنْطِقُ اسْمَ الصّورَةِ، وَأُرَكِّزُ أَثْناءَ نُطْقِها عَلى حَرْفِ (ث)

أُمَيِّزُ شَكْلَ الْحَرْفِ (ثـ، ـثـ)، أَنْظُرُ جَيِّدًا لِأَتَعَرَّفَ إِلَيْهِ، ثُمَّ أُعِيدُ عَلَيْهِ بِأَلْوَانِي لِيُصْبِحَ أَجْمَلَ.

مُثَلَّث   ثُعْبان

أَبْحَثُ فِي الصُّورَةِ عَنْ أَشْيَاءَ فِيهَا صَوْتُ الْحَرْفِ (ث)، وَأَشْيَاءَ فِيهَا صَوْتُ الْحَرْفِ (ب، ت)، ثُمَّ أَكْتُبُ عَدَدَهَا فِي الْمُثَلَّثِ.

أُلَوِّنُ الْحَرْفَ (ثـ، ث) كَما في الْمِثالِ:

أُرَكِّزُ، ثُمَّ أَبْحَثُ عَن حَرْفِ (ثـ، ث) الْمُخْتَبِئِ في هذِهِ الصَّورَةِ الْجَميلَةِ، ثُمَّ أَكْتُبُ عَدَدَ الْحُروفِ في الْمُرَبَّعِ:

6 أَرْسُمُ دائِرَةً حَوْلَ حَرْفِ (ثـ ، ث) ، ثُمَّ أَصِلُ:

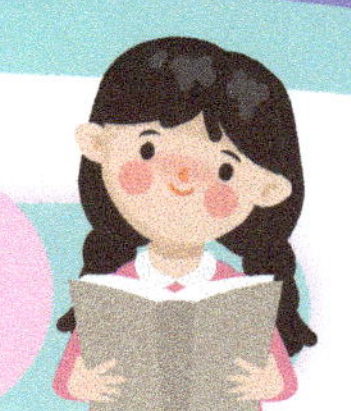

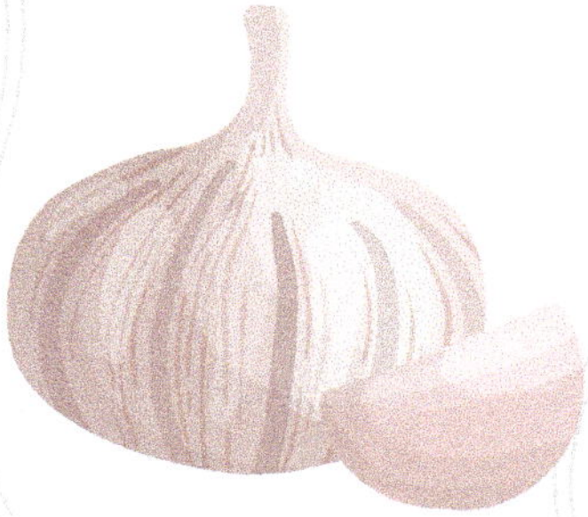

ثوم

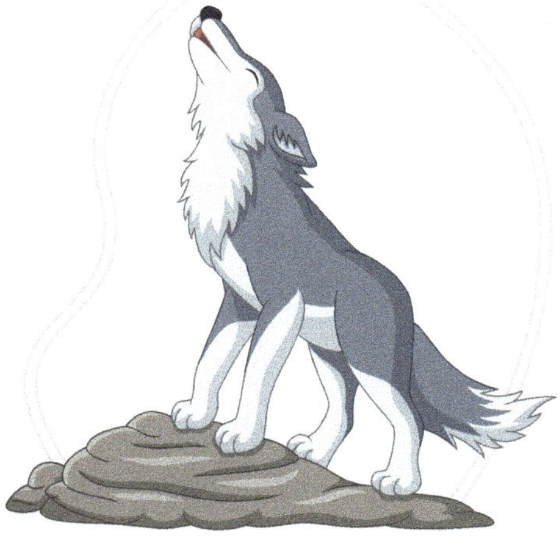

ثَعْلَب

ثـ ث

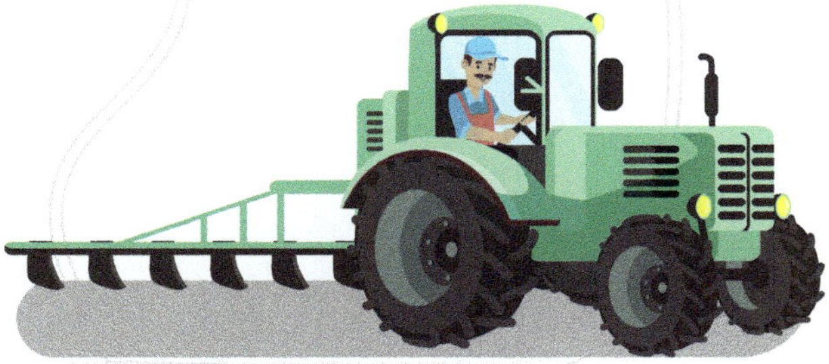

مِحْراث

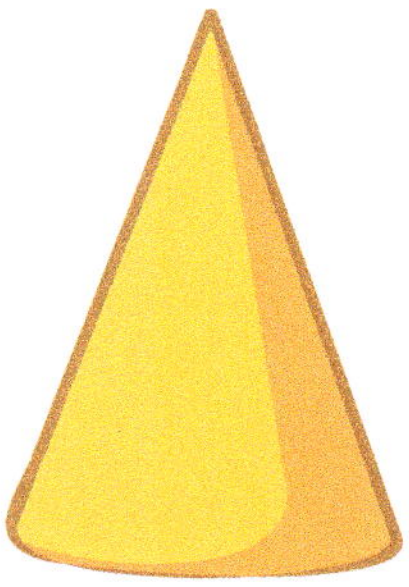

مُثَلَّث

خـ
خ
١ أُشاهِدُ وأَسْتَمِعُ وأَنْطِقُ :
أَنْطِقُ اسْمَ الصّورَةِ، وأُرَكِّزُ أَثْناءَ نُطْقِها عَلى حَرْفِ (خ)
خِيار
خَسّ
خُبْز
بِطّيخ
خَرّوب
خَوْخ

٢ أُمَيِّزُ شَكْلَ الْحَرْفِ (خ، ـخ)، أَنْظُرُ جَيِّدًا لِأَتَعَرَّفَ إِلَيْهِ، ثُمَّ أُعِيدُ عَلَيْهِ بِأَلْوَانِي لِيُصْبِحَ أَجْمَلَ.

خَوْخ   خِيار

٣ أَبْحَثُ فِي الصُّورَةِ عَنْ أَشْيَاءَ فِيهَا صَوْتُ الْحَرْفِ (خ، ـخ)، وَأَشْيَاءَ فِيهَا صَوْتُ الْحَرْفِ (ج، ـج)، ثُمَّ أَكْتُبُ عَدَدَهَا فِي الْمُثَلَّثِ.

أُلَوِّنُ الْحَرْفَ (خ ، خـ) كَمَا في الْمِثالِ:

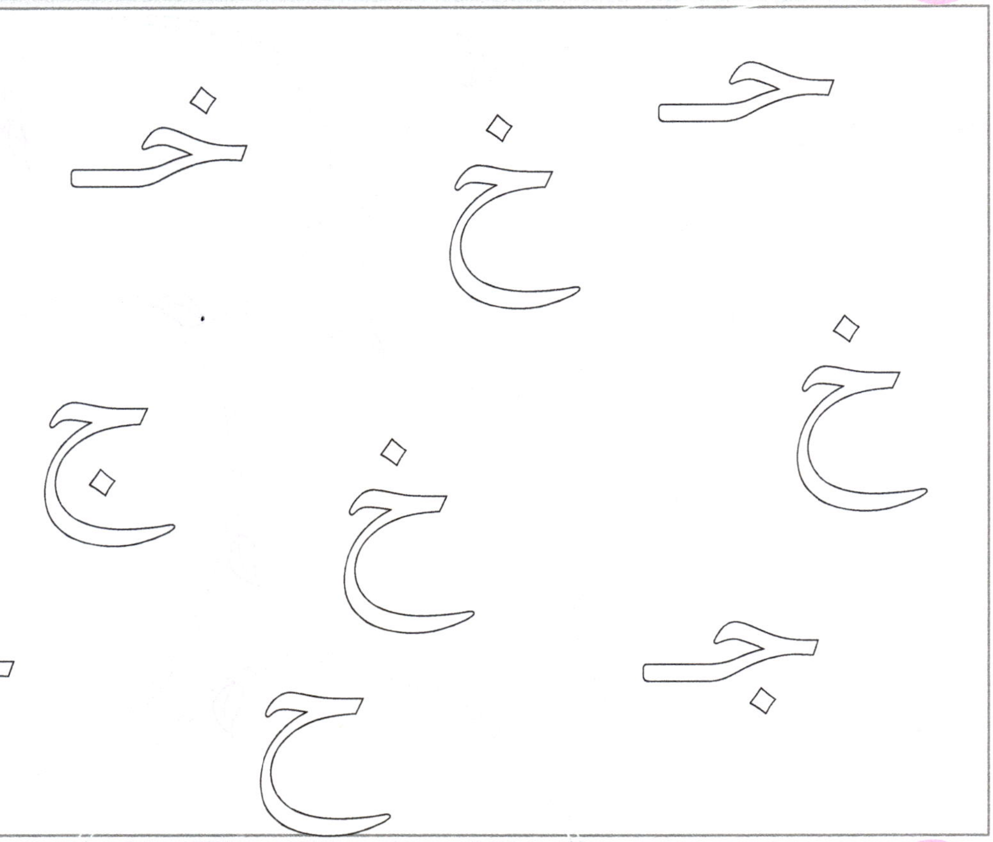

5

أُرَكِّزُ، ثُمَّ أَبْحَثُ عَنْ حَرْفِ (خـ ، خ) الْمُخْتَبِئِ في هَذِهِ الصُّورَةِ الْجَمِيلَةِ، ثُمَّ أَكْتُبُ عَدَدَ الْحُرُوفِ في الْمُرَبَّعِ:

خَوْخ

بَخور

خ

خـ

صاروخ

خَيْمَة

1 أُشَاهِدُ وَأَسْتَمِعُ وَأَنْطِقُ :

أَنْطِقُ اسْمَ الصّورَةِ، وَأُرَكِّزُ أَثْناءَ نُطْقِها عَلى حَرْفِ (ط)

أُمَيِّزُ شَكْلَ الْحَرْفِ (ط)، أَنْظُرُ جَيِّدًا لِأَتَعَرَّفَ إِلَيْهِ، ثُمَّ أُعيدُ عَلَيْهِ بِأَلْوَاني لِيُصْبِحَ أَجْمَلَ.

بَطاطا

٣

أَبْحَثُ في الصّورَةِ عَنْ أَشياءَ فيها صَوْتُ الْحَرْفِ (ط)، أَذْكُرُ عَشَرَةً مِنْها عَلى الأَقَلِّ:

ألوّنُ الحَرْفَ (ط) كَما في المِثالِ:

أُرَكِّزُ، ثُمَّ أَبْحَثُ عَن حَرْفِ (ط) المُخْتَبِئِ في هذِهِ الصّورَةِ الجَميلَةِ، ثُمَّ أَكْتُبُ عَدَدَ الحُروفِ في المُرَبَّعِ:

بَطّ

بَطاطا

ط

بِطْريق

طَماطِم

١ — أُشَاهِدُ وَأَسْتَمِعُ وَأَنْطِقُ :

أَنْطِقُ اسْمَ الصّورَةِ، وَأُرَكِّزُ أَثْنَاءَ نُطْقِها عَلَى حَرْفِ (ك، كـ)

أُمَيِّزُ شَكْلَ الْحَرْفِ (ك ، كـ)، أَنْظُرُ جَيِّدًا لِأَتَعَرَّفَ إِلَيْهِ، ثُمَّ أُعيدُ عَلَيْهِ بِأَلْوانِي لِيُصْبِحَ أَجْمَلَ.

شَوْكٌ

كِتاب

أَبْحَثُ في الصّورَةِ عَنْ أَشْياءَ فيها صَوْتُ الْحَرْفِ (ك ، كـ)، أَذْكُرُ خَمْسَةً مِنْها عَلَى الْأَقَلِّ:

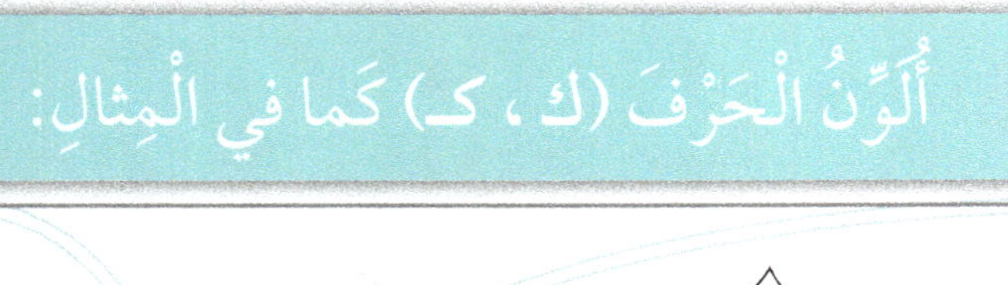

4
أُلَوِّنُ الْحَرْفَ (ك ، كـ) كَما في الْمِثالِ:

5
أُرَكِّزُ، ثُمَّ أَبْحَثُ عَن حَرْفِ (ك،كـ) الْمُخْتَبِئِ
في هَذِهِ الصُّورَةِ الْجَميلَةِ، ثُمَّ أَكْتُبُ عَدَدَ الْحُروفِ في الْمُرَبَّعِ:

كيوي

كَعْك

ك

كـ

شَوْك

كَوْكَب

1 أُشَاهِدُ وَأَسْتَمِعُ وَأَنْطِقُ :

أَنْطِقُ اسْمَ الصُّورَةِ، وَأُرَكِّزُ أَثْنَاءَ نُطْقِهَا عَلَى حَرْفِ (ذ)

أُمَيِّزُ شَكْلَ الْحَرْفِ (ذ)، أَنْظُرُ جَيِّدًا لِأَتَعَرَّفَ إِلَيْهِ، ثُمَّ أُعِيدُ عَلَيْهِ بِأَلْوانِي لِيُصْبِحَ أَجْمَلَ.

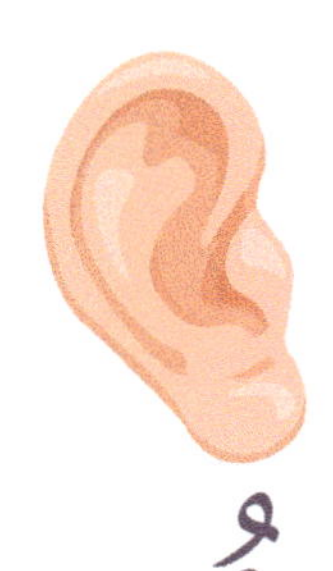

أُذُن

ذُباب

أَبْحَثُ في الصّورَةِ عَنْ أَشْياءَ فيها صَوْتُ الْحَرْفِ (ذ)، وَأَشْياءَ فيها صَوْتُ الْحَرْفِ (د)، ثُمَّ أَكْتُبُ عَدَدَها في الْمُثَلَّثِ.

4 أُلَوِّنُ الْحَرْفَ (ذ) كَما في الْمِثالِ:

5 أُرَكِّزُ، ثُمَّ أَبْحَثُ عَن حَرْفِ (د) الْمُخْتَبِئِ
في هَذِهِ الصّورَةِ الْجَميلَةِ، ثُمَّ أَكْتُبُ عَدَدَ الْحُروفِ في الْمُرَبَّعِ:

ذَيْل

حِذاء

ذ

قُنْفُذ

ذُرَة

1 أُشَاهِدُ وَأَسْتَمِعُ وَأَنْطِقُ :

أَنْطِقُ اسْمَ الصّورَةِ، وَأُرَكِّزُ أَثْناءَ نُطْقِها عَلى حَرْفِ (ق)

أُمَيِّزُ شَكْلَ الْحَرْفِ (ق)، أَنْظُرُ جَيِّدًا لِأَتَعَرَّفَ إِلَيْهِ، ثُمَّ أُعِيدُ عَلَيْهِ بِأَلْواني لِيُصْبِحَ أَجْمَلَ.

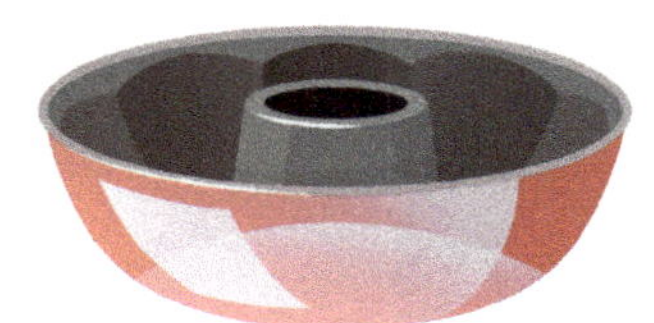

حَقيبة

قالَب

أَبْحَثُ في الصّورَةِ عَنْ أَشْياءَ فيها صَوْتُ الْحَرْفِ (ق)، وَأَشْياءَ فيها صَوْتُ الْحَرْفِ (ف)، ثُمَّ أَكْتُبُ عَدَدَها في الْمُثَلَّثِ.

أَرْسُمُ دَائِرَةً حَوْلَ حَرْفِ (ق)، وَأَرْسُمُ مُرَبَّعًا حَوْلَ حَرْفِ (ف).

5

أَنْظُرُ إِلَى الصُّوَرِ الْآتِيَةِ، وَأُلَوِّنُ:

إِذَا نَطَقْتُ الْحَرْفَ	إِذَا نَطَقْتُ الْحَرْفَ	إِذَا نَطَقْتُ الْحَرْفَ
(ق) في نِهَايَةِ الْكَلِمَةِ:	(ـقـ) في وَسَطِ الْكَلِمَةِ:	(قـ) في بِدَايَةِ الْكَلِمَةِ:

دَقيق

قِطار

ق ق

قُنْفُذ

قارِب

1   أُشاهِدُ وَأَسْتَمِعُ وَأَنْطِقُ :

أَنْطِقُ اسْمَ الصّورَةِ، وَأُرَكِّزُ أَثْناءَ نُطْقِها عَلى حَرْفِ (ﻩ)

٢ أُمَيِّزُ شَكْلَ الْحَرْفِ (ﻩ، ـﻪ، ﻫ، ـﻬـ)، أَنْظُرُ جَيِّدًا لِأَتَعَرَّفَ

إِلَيْهِ، ثُمَّ أُعيدُ عَلَيْهِ بِأَلْواني لِيُصْبِحَ أَجْمَلَ.

وَجْه مِياه كَهْف زُهور

٣ أَبْحَثُ في الصّورَةِ عَنْ أَشْياءَ فيها صَوْتُ الْحَرْفِ (ﻩ، ـﻪ، ﻫ، ـﻬـ)

وَعَدَدُها تِسْعَةٌ:

أَرْسُمُ دائِرَةً حَوْلَ حَرْفِ (ه/ ـه، هـ، ـهـ)،
أُعِيدُ رَسْمَهُ، وَأَصِفُهُ (...)

أَنْظُرُ إِلى الصُّوَرِ الآتِيَةِ، وَأُلَوِّنُ:

إِذا نَطَقْتُ الْحَرْفَ	إِذا نَطَقْتُ الْحَرْفَ	إِذا نَطَقْتُ الْحَرْفَ
(ـه) في نِهايَةِ الْكَلِمَةِ:	(ـهـ) في وَسَطِ الْكَلِمَةِ:	(هـ) في بِدايَةِ الْكَلِمَةِ:

مِياه

كَهْف

هـ

وَجْه

هاتِف

1 أُشَاهِدُ وَأَسْتَمِعُ وَأَنْطِقُ :

أَنْطِقُ اسْمَ الصّورَةِ، وَأُرَكِّزُ أَثْناءَ نُطْقِها عَلى حَرْفِ (ص،صـ)

أُمَيِّزُ شَكْلَ الْحَرْفِ (ص،صـ)، أَنْظُرُ جَيِّدًا لِأَتَعَرَّفَ إِلَيْهِ، ثُمَّ أُعيدُ عَلَيْهِ بِأَلْوانِي لِيُصْبِحَ أَجْمَلَ.

مِقَصّ

قِصّة

أَبْحَثُ في الصّورَةِ عَنْ أَشْياءَ فيها صَوْتُ الْحَرْفِ (ص،صـ)، أَذْكُرُ خَمْسَةً مِنْها عَلَى الْأَقَلِّ:

٥ أَنْظُرُ إِلى الصُّوَرِ الآتِيَةِ، وَأُلَوِّنُ:

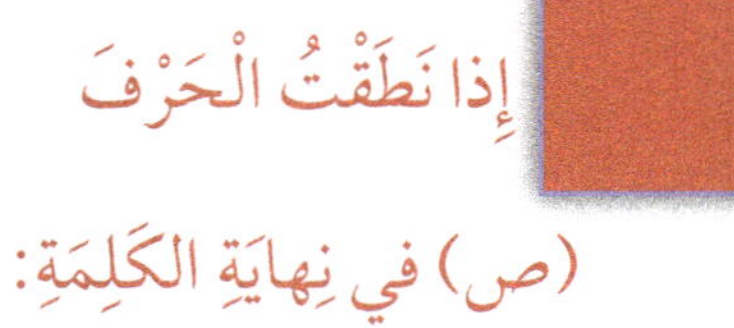

إِذا نَطَقْتُ الْحَرْفَ (ص) في بِدايَةِ الْكَلِمَةِ:

إِذا نَطَقْتُ الْحَرْفَ (ـصـ) في وَسَطِ الْكَلِمَةِ:

إِذا نَطَقْتُ الْحَرْفَ (ص) في نِهايَةِ الْكَلِمَةِ:

صَمْغ

بَصَل

صاروخ

قَفَص

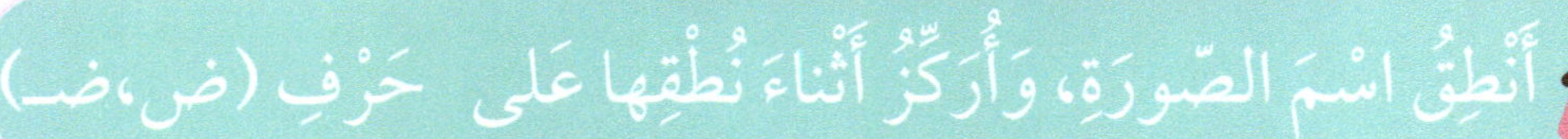

أَنْطِقُ اسْمَ الصّورَةِ، وَأُرَكِّزُ أَثْناءَ نُطْقِها عَلى حَرْفِ (ض،ضـ)

أُمَيِّزُ شَكْلَ الْحَرْفِ (ض، ضـ)، أَنْظُرُ جَيِّدًا لِأَتَعَرَّفَ إِلَيْهِ، ثُمَّ أُعيدُ عَلَيْهِ بِأَلْوانِي لِيُصْبِحَ أَجْمَلَ .

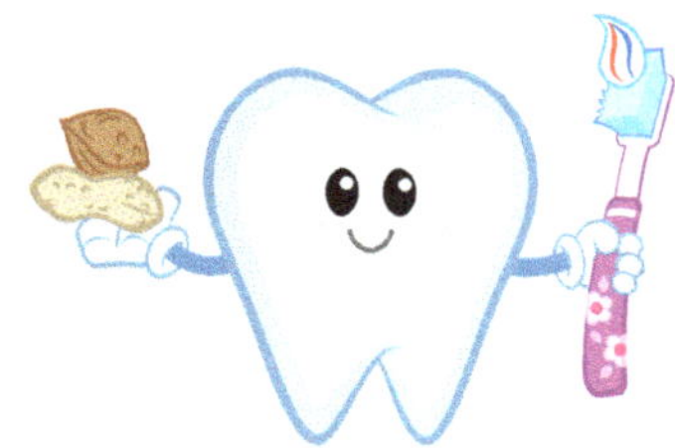

بَيْضٌ

ض

ضِرْسٌ

ضـ

أَبْحَثُ في الصَّورَةِ عَنْ أَشْياءَ فيها صَوْتُ الْحَرْفِ (ض، ضـ):

وَأَشْياءَ فيها صَوْتُ الْحَرْفِ (ص، صـ)، ثُمَّ أَكْتُبُ عَدَدَها في الْمُثَلَّثِ .

٥ أَنْظُرُ إِلى الصُّوَرِ الآتِيَةِ، وَأُلَوِّنُ:

إذا نَطَقْتُ الحَرْفَ
(ض) في بِدايَةِ الكَلِمَةِ:

إذا نَطَقْتُ الحَرْفَ
(ـضـ) في وَسَطِ الكَلِمَةِ:

إذا نَطَقْتُ الحَرْفَ
(ض) في نِهايَةِ الكَلِمَةِ:

ضِفْدَع

مِنْضَدَة

ضـ ض

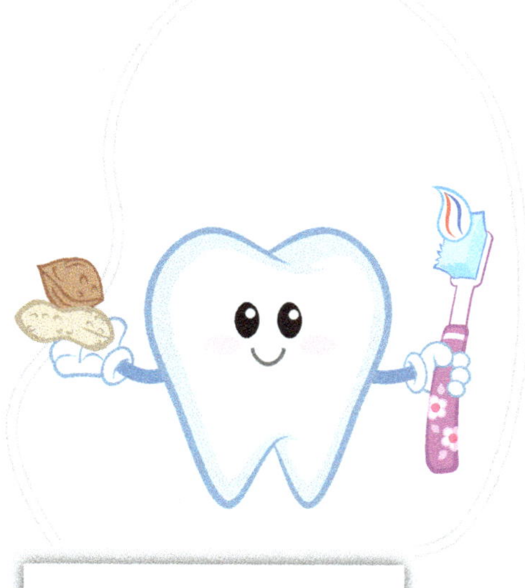

ضِرْس

بَيْض

1 أُشَاهِدُ وَأَسْتَمِعُ وَأَنْطِقُ :

أَنْطِقُ اسْمَ الصُّورَةِ، وَأُرَكِّزُ أَثْنَاءَ نُطْقِهَا عَلَى حَرْفِ (غ، غـ، ـغـ، ـغ)

أُمَيِّزُ شَكْلَ الْحَرْفِ (غ، غـ، ـغـ، ـغ)،

أَنْظُرُ جَيِّدًا لِأَتَعَرَّفَ إِلَيْهِ، ثُمَّ أُعِيدُ عَلَيْهِ بِأَلْوَانِي لِيُصْبِحَ أَجْمَلَ.

غُرابٌ   بَبَّغاءُ   صَمْغٌ   فارِغٌ

أَبْحَثُ في الصّورَةِ عَنْ أَشْياءَ فيها صَوْتُ الْحَرْفِ (غ)

وَأَشْياءَ فيها صَوْتُ الْحَرْفِ (ع)، ثُمَّ أَكْتُبُ عَدَدَها في الْمُثَلَّثِ.

إِذا نَطَقْتُ الْحَرْفَ
(غ، ـغ) في نِهايَةِ الْكَلِمَةِ:

إِذا نَطَقْتُ الْحَرْفَ
(ـغـ) في وَسَطِ الْكَلِمَةِ:

إِذا نَطَقْتُ الْحَرْفَ
(غـ) في بِدايَةِ الْكَلِمَةِ:

صَمْغ

بَبَّغاء

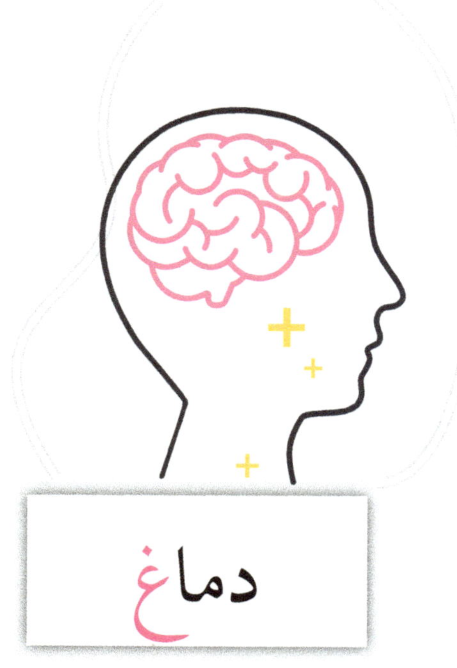

دِماغ

غوريلا

١ أُشَاهِدُ وَأَسْتَمِعُ وَأَنْطِقُ :

أَنْطِقُ اسْمَ الصُّورَةِ، وَأُرَكِّزُ أَثْناءَ نُطْقِها عَلى حَرْفِ (ظ)

أُمَيِّزُ شَكْلَ الْحَرْفِ (ظ)،

أَنْظُرُ جَيِّدًا لِأَتَعَرَّفَ إِلَيْهِ، ثُمَّ أُعِيدُ عَلَيْهِ بِأَلْوانِي لِيُصْبِحَ أَجْمَلَ.

أَبْحَثُ في الصّورَةِ عَنْ أَشْياءَ فيها صَوْتُ الْحَرْفِ (ظ)

وَأَشْياءَ فيها صَوْتُ الْحَرْفِ (ط)، ثُمَّ أَكْتُبُ عَدَدَها في الْمُثَلَّثِ.

إِذا نَطَقْتُ الْحَرْفَ   إِذا نَطَقْتُ الْحَرْفَ   إِذا نَطَقْتُ الْحَرْفَ

(ظ) في نِهايَةِ الْكَلِمَةِ:   (ظ) في وَسَطِ الْكَلِمَةِ:   (ظ) في بِدايَةِ الْكَلِمَةِ:

حافِظ

نَظّارة

ظ

ظَرْف

مِظَلَّة